6

신약

다시 오실
그리스도

가스펠 프로젝트

신약 **6**
다시 오실
그리스도

저학년

지은이 | LifeWay Kids
옮긴이 | 권혜신
감　수 | 김병훈 · 류호성 · 김정효

초판 발행 | 2019. 7. 9
2판 1쇄 발행 | 2023. 10. 25
등록번호 | 제1988-000080호
등록된 곳 | 서울특별시 용산구 서빙고로65길 38
발행처 | 사단법인 두란노서원
영업부 | 02) 2078-3352, 3452, 3752, 3781
　　　　 FAX　080-749-3705
편집부 | 02) 2078-3437

활동연구 | 김찬숙 · 유은정 · 임요한 · 최은정 · 한승우 · 홍선아

책값은 뒤표지에 있습니다.
ISBN 978-89-531-4611-2 / 978-89-531-4612-9(세트)

홈페이지 | gospelproject.co.kr
두란노몰 | mall.duranno.com

The Gospel Project for Kids

is published quarterly by LifeWay Christian Resources,
One LifeWay Plaza, Nashville, TN 37234, Thom S. Rainer, President
© 2018 LifeWay Christian Resources
Translated and used by permission of LifeWay Christian Resources

This Korean translation edition © 2019 by Duranno Ministry,
38, Seobinggo-ro 65-gil, Yongsan-gu, Seoul, Republic of
KoreaPublished by arrangement with LifeWay Christian Resources

차례

1단원 하나님의 계획

3

사람들이 바울을 막으려 했어요

사도행전 23장

주제

사람들이 바울을 막으려 했지만 하나님은 바울이 예수님을 계속 전할 수 있도록 지켜 주셨어요.

가스펠 링크

바울은 예수님의 죽음과 부활로 세상을 향한 사랑을 보여 주신 하나님이 모든 *역경 속에서도 자신을 도우실 것이라고 믿었어요.

성경의 초점

우리는 언제 예수님을 전해야 하나요? 언제나 어떤 상황에서도 예수님을 전해야 해요.

★ 역경 : 일이 순조롭지 않거나 매우 어렵게 된 처지나 환경

　사도 바울은 가는 곳마다 사람들에게 예수님에 관한 기쁜 소식을 전했어요. 유대인들은 바울이 예수님을 전하는 것이 싫었어요. 그래서 그들은 바울이 복음을 전하지 못하도록 그를 죽이려고 했지요. 사람들이 바울을 막으려 했지만 하나님은 바울이 예수님을 계속 전할 수 있도록 지켜 주셨어요.

바울에게 하신 말씀

예수님이 바울에게 나타나 무슨 말씀을 하셨나요?
초성을 채워 사도행전 23장 11절 말씀을 완성해 보세요.

그날 밤에 주께서 바울 곁에 서서 이르시되

ㄷ ㅐ ㅏ ㅏ 네가 ㅔ ㅜ ㄹ ㅔ에서

나의 일을 ㅎ ㄴ한 것 같이

ㅗ ㅏ에서도

ㅎ ㄴ하여야 하리라 하시니라

사도행전 23장 11절

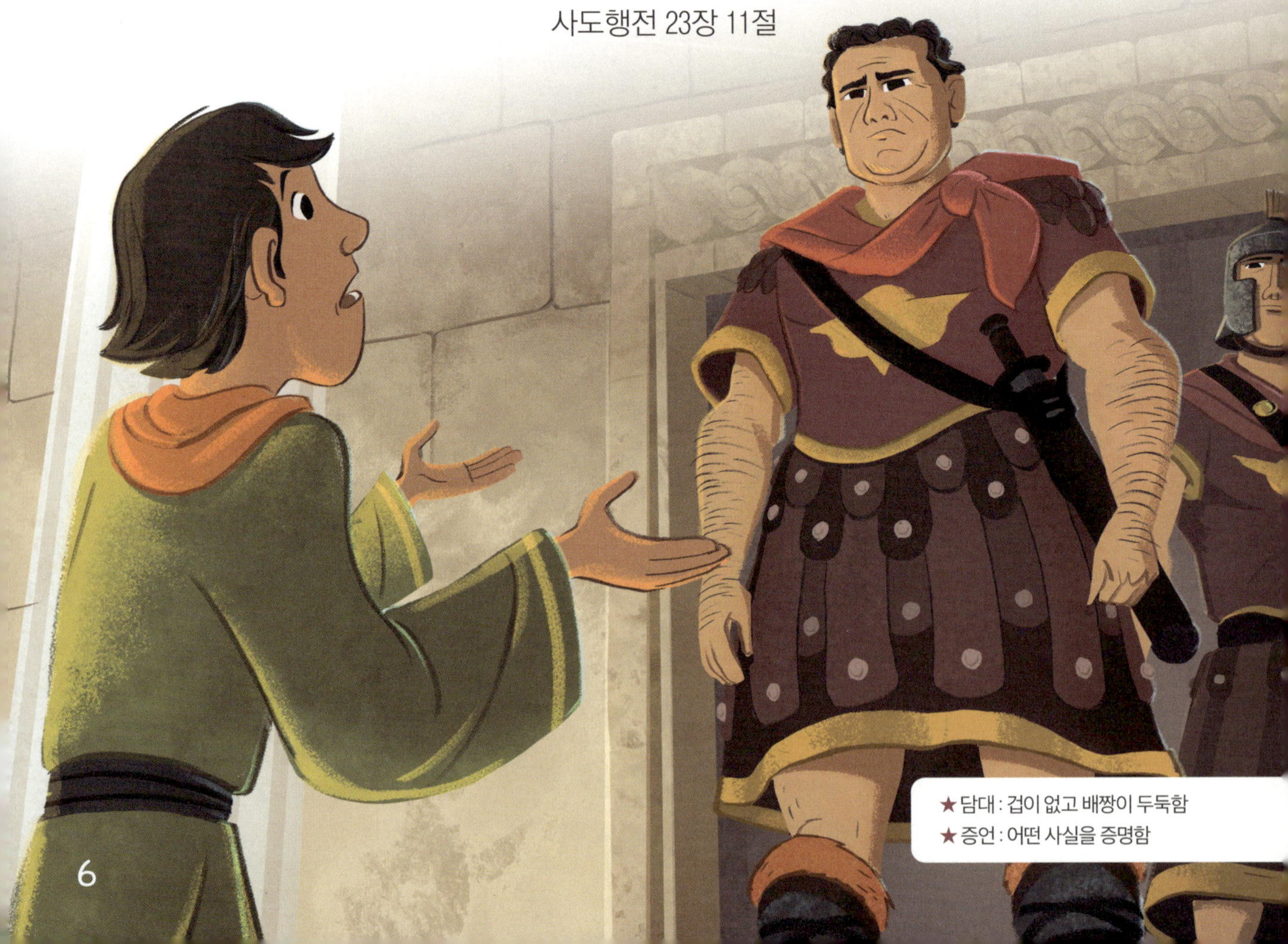

★ 담대 : 겁이 없고 배짱이 두둑함
★ 증언 : 어떤 사실을 증명함

복음을 막을 수 없어!

바울은 어떤 상황에서도 복음을 전했어요. 복음이 전해지도록
85쪽의 '로마로 가는 길'을 오려 자리에 맞게 붙인 후 미로를 통과해 보세요.

로마

성경 이야기를 통해 알게 된 것을 글이나 그림으로 표현해 보세요.

- 이 성경 이야기를 통해 하나님이나 복음에 대해 알게 된 사실은 무엇인가요?
- 이 성경 이야기를 통해 나에 대해 알게 된 사실은 무엇인가요?
- 이 성경 이야기를 통해 기억해야 할 하나님의 말씀은 무엇인가요?

가족과 이야기해요

- 바울은 감옥에 갇히게 되었을 때 어떤 기분이었을까요?
- 예수님 이야기를 하기 두려웠던 적이 있나요?
- 우리가 용감하게 복음을 전하도록 도와주시는 분은 누구신가요?

가족과
활동해요

- 84쪽의 '복음 초청 : 나를 위한 하나님의 멋진 계획'을 읽고, 가족과 함께 복음 전하는 연습을 해 보세요.
- 함께 읽을 말씀 : 고린도후서 5장, 9장, 11~12장

바울이 통치자들 앞에 섰어요

사도행전 24장 22~27절, 25장 1~14절,
26장 24~32절

주제

바울이 총독들과 왕 앞에서 예수님을
전했어요.

가스펠 링크

하나님은 바울을 택하셔서 이방인들과
왕들과 이스라엘 백성에게 복음을 전하게
하셨어요. 바울은 복음을 전하기 위해
어떤 일이라도 기꺼이 감수할 수 있었어요.

성경의 초점

우리는 언제 예수님을 전해야 하나요?
언제나 어떤 상황에서도 예수님을 전해야
해요.

로마 통치자들은 유대인들이 바울을 미워하는 이유가 궁금했어요. 바울은 벨릭스 총독, 베스도 총독, 아그립바왕에게 예수님에 관해 이야기했어요. 통치자들은 바울이 감옥에 갇힐 만한 일을 하지 않았다는 것을 알게 되었고, 바울이 로마 황제에게 재판을 받겠다고 하지 않았다면 풀려났을 것이라고 말했어요.

바울의 마음

바울은 어떤 마음으로 복음을 전했을까요?
빈칸을 채운 후 손동작을 하며 빌립보서 1장 20~21절을 외워 보세요.

나의 간절한 | 기대와 소망을 따라 | 아무 일에든지 | 부끄러워하지 아니하고

지금도 전과 같이 | 온전히 ☐☐ 하여 | 살든지 | 죽든지

내 몸에서 ☐☐☐☐ 가 ★☐☐ 하게 되게 하려 하나니

이는 내게 ☐☐ 것이 | 그리스도니

죽는 것도 ☐☐☐ 이라 | 빌립보서 1장 20~21절

★존귀 : 지위나 신분이 높고 귀함

숨은 글자를 찾아

숨은 글자를 찾아 '성경의 초점'을 완성해 보세요.
바울은 사람들 앞에서 무슨 말을 했나요? 말풍선을 채워 보세요.

우리는 언제 ☐☐☐ 을 ☐☐☐ 하나요?

☐☐☐ ☐☐☐ ☐☐ 에서도

예수님을 전해야 해요.

보물 상자

성경 이야기를 통해 알게 된 것을 글이나 그림으로 표현해 보세요.

- 이 성경 이야기를 통해 하나님이나 복음에 대해 알게 된 사실은 무엇인가요?
- 이 성경 이야기를 통해 나에 대해 알게 된 사실은 무엇인가요?
- 이 성경 이야기를 통해 기억해야 할 하나님의 말씀은 무엇인가요?

가족과 이야기해요

- 하나님은 바울이 체포된 상황을 어떻게 선하게 사용하셨나요?
- 바울은 왜 통치자들을 두려워하지 않았나요?
- 어떤 상황에서도 예수님을 전할 수 있나요?

가족과
활동해요

- 예수님은 어떤 분이신가요? 가족과 함께 한 명씩 차례로 예수님에 대해 이야기해 보세요.
- 함께 읽을 말씀 : 로마서 1장, 3장, 5장, 8장

바울이 로마에 가게 되었어요

STORY 3

사도행전 27장 13~44절, 28장 11~16절

주제

하나님은 바울이 로마 황제 앞에 설 수 있도록 그를 지키셨어요.

가스펠 링크

하나님은 죽으시고 부활하신 예수님을 믿으며 다른 사람들에게 이 기쁜 소식을 전하도록 우리를 부르셨어요.

성경의 초점

우리는 언제 예수님을 전해야 하나요? 언제나 어떤 상황에서도 예수님을 전해야 해요.

바울이 로마 황제에게 재판을 받기 위해 배를 타고 로마로 가다가 풍랑을 만났어요. 하나님이 천사를 보내 바울에게 두려워하지 말라고 하셨어요. 그리고 배에 탄 사람들을 모두 구하겠다고 말씀하셨지요. 바울은 모든 것이 하나님의 말씀대로 이루어질 것을 믿었어요. 하나님은 바울이 로마 황제 앞에 설 수 있도록 그를 지키셨어요.

로마를 향해

97쪽의 '짝 찾기' 스티커를 알맞게 붙여
빌립보서 1장 20~21절을 완성해 보세요.

나의 간절한  을 따라

아무 일에든지 부끄러워하지 아니하고

지금도 전과 같이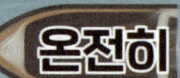

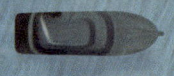 

내 몸에서 그리스도가

존귀하게 되게 하려 하나니

이는 내게  니

 이라

빌립보서 1장 20~21절

• • • • 풍랑 속에서도

돛에 적힌 단어 중 알맞은 단어를 빈칸에 넣어 가스펠 링크를 완성해 보세요.
하나님이 하신 일은 무엇인가요?

기쁜
약속

용기
생명
소식
믿음

구원
성령
여행
예수
부활

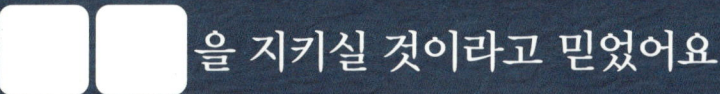

바울은 하나님이 그들을 풍랑에서 구하겠다고 하신

☐☐을 지키실 것이라고 믿었어요.

선원들에게 하나님을 믿으라고 ☐☐를 북돋워 주었지요.

하나님은 죽으시고 ☐☐하신 ☐☐님을 믿으며

다른 사람들에게 이 ☐☐ ☐☐을

전하도록 우리를 부르셨어요.

성경 이야기를 통해 알게 된 것을 글이나 그림으로 표현해 보세요.

- 이 성경 이야기를 통해 하나님이나 복음에 대해 알게 된 사실은 무엇인가요?
- 이 성경 이야기를 통해 나에 대해 알게 된 사실은 무엇인가요?
- 이 성경 이야기를 통해 기억해야 할 하나님의 말씀은 무엇인가요?

가족과
이야기해요

- 바울과 선원들 중에 풍랑을 더 두려워한 사람은 누구일까요? 왜 그렇게 생각하나요?
- 하나님은 풍랑을 어떻게 선하게 사용하셨나요?
- 우리가 겪는 어려움 중에 하나님이 선하게 사용하시는 것은 어떤 것들이 있을까요?

가족과
활동해요

- 종이배를 접어 물을 채운 대야나 욕조에 띄운 후 물을 휘저어 보세요. 바울과 선원들이 풍랑을 만났을 때 어떤 기분이었을지 이야기를 나누어 보세요.
- 함께 읽을 말씀 : 로마서 10장, 12~14장

바울이 감옥에서도 하나님을 찬양했어요

STORY 4

빌립보서 1장 12~30절

주제

바울은 빌립보 성도들에게 고난 속에서도 기뻐하라고 말했어요.

가스펠 링크

바울은 예수님이 세상을 구원하기 위해 고난을 당하셨던 것처럼, 하나님의 일을 하는 그리스도인들도 고난을 겪을 것이라고 말했어요.

성경의 초점

우리는 언제 예수님을 전해야 하나요? 언제나 어떤 상황에서도 예수님을 전해야 해요.

　　바울은 죄수의 신분으로 로마에서 지내며 재판 받을 날을 기다리고 있었어요. 그는 빌립보 성도들에게 편지를 보냈어요. 비록 유대인들이 자신을 막으려 했지만 일어난 모든 일이 사실은 더 많은 사람에게 예수님에 관한 기쁜 소식을 전하는 데 도움이 되었다고 말했어요. 그리고 어떤 상황에서도 그리스도의 복음을 따르는 삶을 살라고 했어요.

정답을 맞혀요!

빌립보서 1장 12~30절을 읽고, 아래 문장이 맞으면 참, 틀리면 거짓에 ○표 하세요.

	참	거짓
빌립보서는 빌립이 썼어요. (빌립보서 1장 1절)		
바울은 지금 자신을 위해 어려움을 겪고 있다고 말했어요. (빌립보서 1장 12절)		
바울은 감옥에서 빌립보 성도들에게 편지를 썼어요. (빌립보서 1장 13절)		
바울은 죽어서 예수님과 함께 있는 것이 좋은 일이라고 말했어요. (빌립보서 1장 23절)		
바울은 예수님의 영광을 위해 사는 것이 슬픈 일이라고 말했어요. (빌립보서 1장 24~25절)		
바울은 빌립보 성도들에게 복음을 따르는 삶을 살라고 했어요. (빌립보서 1장 27절)		

이모티콘 속에

이모티콘 암호를 풀어 '주제 문장'을 완성해 보세요.

어	수	시	고
생	험	난	책
슬	울	립	기
바	퍼	언	뻐

  은 빌립보 성도들에게   속에서도

  하라고 말했어요.

성경 이야기를 통해 알게 된 것을 글이나 그림으로 표현해 보세요.

- 이 성경 이야기를 통해 하나님이나 복음에 대해 알게 된 사실은 무엇인가요?
- 이 성경 이야기를 통해 나에 대해 알게 된 사실은 무엇인가요?
- 이 성경 이야기를 통해 기억해야 할 하나님의 말씀은 무엇인가요?

- 바울의 기쁨은 어디에서 생기나요?
- 만약 여러분이 감옥에 갇힌다면 기뻐할 수 있을까요?
- 어떻게 하면 바울이 기뻐한 것과 같은 기쁨을 누릴 수 있을까요?

- 가족과 함께 등산을 해 보세요. 산을 오르며 힘들 때마다 "기쁘다"라고 말해 보세요. 힘든 상황에서도 기뻐할 수 있을지 이야기를 나누어 보고, 바울이 감옥 안에서도 기뻐할 수 있었던 이유가 무엇일지 생각해 보세요.
- 함께 읽을 말씀 : 사도행전 22장, 26장

바울이 예수님에 관해 일깨워 주었어요

골로새서 1장 15절~2장 3절

주제

바울은 예수님이 누구보다도 그 무엇보다도
뛰어난 분이라고 말했어요.

가스펠 링크

바울은 성도들에게 예수님의 위대하심과
권능을 일깨워 주며 용기를 북돋워
주었어요. 예수님만이 우리의 모든 것이
되세요.

성경의 초점

우리는 언제 예수님을 전해야 하나요?
언제나 어떤 상황에서도 예수님을 전해야
해요.

　　골로새 성도들은 복음을 알고 있었지만, 거짓 교사들이 나타나 성도들을 혼란스럽게 했지요. 바울은 골로새 성도들에게 예수님에 관한 진리를 일깨워 주었어요. 예수님은 하나님의 아들이시고, 죄인들을 구원하기 위해 십자가를 지셨어요. 모든 지혜와 지식은 예수님 안에 있어요. 바울은 성도들에게 서로 사랑하라고 말했어요.

누구 발자국일까?

사다리를 타고 내려가 발자국의 주인을 찾아보세요.
발자국 그림에 알맞은 단어를 넣어 빌립보서 1장 20~21절을 완성하세요.

기대　**담대**　**존귀**　**유익**

나의 간절한 　　와

소망을 따라 아무 일에든지

부끄러워하지 아니하고

지금도 전과 같이

온전히 　　하여

살든지 죽든지

내 몸에서 그리스도가

　　하게 되게 하려 하나니

이는 내게 사는 것이

그리스도니

죽는 것도 　　함이라

빌립보서 1장 20~21절

30

누구실까요?

거짓 교사들의 이야기에 흔들리면 안 돼요.
아래 질문을 읽고 알맞은 답에 ✔표 하거나 답을 적어 보세요.

1. 하나님의 아들은 누구신가요?

2. 우리를 위해 십자가에서 죽으시고 부활하신 분은 누구신가요?

3. "내가 곧 길이요 진리요 생명이니 나로 말미암지 않고는
아버지께로 올 자가 없느니라"(요 14:6)라고 말씀하신 분은 누구신가요?

4. 1~3번에 답한 분이 왜 위대하신지 빈칸에 적어 보세요(골로새서 1장 15~20절 참조).

....

....

보물
상자

성경 이야기를 통해 알게 된 것을 글이나 그림으로 표현해 보세요.

- 이 성경 이야기는 하나님이나 복음에 대해 무엇을 말하고 있나요?
- 이 성경 이야기를 통해 나에 대해 알게 된 사실은 무엇인가요?
- 이 성경 이야기를 통해 기억해야 할 하나님의 말씀은 무엇인가요?

가족과
이야기해요

- 예수님에 관한 진리 3가지를 말해 보세요.
- 예수님은 우리를 위해 어떤 일들을 하셨나요?

가족과
활동해요

- 예수님이 위대하신 이유를 말해 보세요. 가족과 함께 위대하신 예수님을 찬양하는 노래를 만들거나 찬양의 가사를 바꾸어 불러 보세요.
- 함께 읽을 말씀 : 사도행전 28장; 빌립보서 2~3장

바울이 빌레몬에게 편지를 보냈어요

빌레몬서 8~22절

주제

바울이 빌레몬에게 그의 종을 그리스도 안에서 형제로 여기며 용서하라고 부탁했어요.

가스펠 링크

예수님은 우리 빚을 대신 갚으셔서 우리가 용서받고 하나님의 가족이 되게 하셨어요.

성경의 초점

우리는 다시 오실 예수님을 기다리며 어떻게 살아야 하나요? 진리를 기억하고, 믿음을 더욱 굳게 하며, 복음을 전해야 해요.

　　오네시모는 빌레몬의 종이었어요. 그는 주인에게서 도망쳤다가 바울을 만났어요. 바울은 오네시모에게 복음을 전했고, 오네시모는 예수님을 따르게 되었어요. 바울은 친구 빌레몬에게 그의 종을 그리스도 안에서 형제로 여기며 용서하라고 부탁했어요.

• • •   • •
빌레몬에게 쓰는 편지

아래 단어들을 넣어 빌레몬에게 오네시모를 위한 편지를 써 보세요.

바울 오네시모 빌레몬 사랑 믿음 용서 빚 형제

오네시모를 찾아라!

아래 그림과 같은 오네시모를 찾아 ○표 하세요. 바울의 편지를 들고 돌아가는
오네시모는 빌레몬을 만나 어떤 말을 했을지 빈칸에 적어 보세요.

성경 이야기를 통해 알게 된 것을 글이나 그림으로 표현해 보세요.

- 이 성경 이야기를 통해 하나님이나 복음에 대해 알게 된 사실은 무엇인가요?
- 이 성경 이야기를 통해 나에 대해 알게 된 사실은 무엇인가요?
- 나는 누구에게 이 성경 이야기를 들려줄 수 있을까요?

- 바울은 왜 빌레몬에게 오네시모를 형제처럼 대하라고 부탁했을까요?
- 바울은 오네시모를 위해 무엇을 하겠다고 했나요?
- 우리가 하나님에게 진 빚을 누가 갚았나요?

바울이 소망을 전했어요

STORY 7

데살로니가전서 4장 13절~5장 11절

주제

바울이 데살로니가 성도들에게 다시 오실 예수님을 생각하며 힘을 내라고 격려했어요.

가스펠 링크

성도들은 예수님이 다시 오셔서 함께하게 될 그날을 소망하며 살아요.

성경의 초점

우리는 다시 오실 예수님을 기다리며 어떻게 살아야 하나요?
진리를 기억하고, 믿음을 더욱 굳게 하며, 복음을 전해야 해요.

바울은 편지를 통해 데살로니가 성도들이 진리가 무엇인지 알 수 있도록 도와주었어요. 그리고 핍박으로 죽임을 당한 성도들이 어떻게 되는지 가르쳐 주었지요. 예수님이 다시 오시는 날, 죽은 성도들이 먼저 살아나고, 살아 있는 성도들은 그들과 함께 하늘로 올라가 영원히 주님과 함께 살게 될 것이라고 말했어요. 바울은 그들에게 다시 오실 예수님을 생각하며 소망을 가지라고 했어요.

나침반

성경은 누가 썼을까?

디모데후서 3장 16~17절을 읽고, 질문에 알맞은 답을 써 보세요.

> 모든 성경은 하나님의 감동으로 된 것으로
>
> 교훈과 책망과 바르게 함과
>
> 의로 교육하기에 유익하니
>
> 이는 하나님의 사람으로 온전하게 하며
>
> 모든 선한 일을 행할 능력을 갖추게 하려 함이라
>
> 디모데후서 3장 16~17절

1. 성경은 누구의 감동으로 쓰였나요?

....

2. 성경은 무엇으로 교육하기에 유익한지 〇표 해 보세요.

....

3. 성경은 어떤 사람으로 온전하게 하나요?

....

4. 성경은 어떤 일을 행할 능력을 갖추게 하는지 **밑줄**을 그어 보세요.

....

무엇을 소망해?

어떤 일이 일어나기를 소망하나요? 각 질문을 읽고 소망하는 것을 써 보세요.
다시 오실 예수님에 대해 소망하는 것을 적어 보세요.

오늘 저녁 식사는

내일 날씨는

나는 커서

우리 부모님이

예수님이

내 친구가

43

성경 이야기를 통해 알게 된 것을 글이나 그림으로 표현해 보세요.

- 이 성경 이야기를 통해 하나님이나 복음에 대해 알게 된 사실은 무엇인가요?
- 이 성경 이야기를 통해 나에 대해 알게 된 사실은 무엇인가요?
- 나는 누구에게 이 성경 이야기를 들려줄 수 있을까요?

가족과 이야기해요

- 무엇인가를 소망한다는 것은 무슨 뜻인가요?
- 여러분은 확실하지 않은 일을 소망하나요?
- 예수님이 다시 오신다는 것을 어떻게 알 수 있나요?

가족과
활동해요

- 가스펠 프로젝트 전 12권의 '메시지 카드'에서 하나님의 약속이 나오는 사건을 복습해 보세요. 하나님이 이미 이루신 약속과 이루어지기를 기다리고 있는 약속을 살펴 보세요.
- 함께 읽을 말씀 : 디도서 2~3장; 디모데전서 3장, 5장

유다가 믿음을 지키라고 말했어요

유다서 3~4절, 17~25절

주제

유다는 그리스도인들에게 거짓에 속지 말고 믿음 위에 굳게 서라고 말했어요.

가스펠 링크

예수님은 길이고, 진리이며, 생명이에요. 하나님의 백성을 죄로부터 보호하실 유일한 분이에요.

성경의 초점

우리는 다시 오실 예수님을 기다리며 어떻게 살아야 하나요? 진리를 기억하고, 믿음을 더욱 굳게 하며, 복음을 전해야 해요.

예수님의 동생 유다는 그리스도인들이 예수님에 관한 기쁜 소식을 전하고 진리를 지키며 살기를 바랐어요. 그래서 하나님이 사랑하시고 예수님이 지켜 주시는 그들에게 구원에 관해 편지를 썼지요. 유다는 그리스도인들에게 믿음 위에 자신을 세우고 진리를 지키라고 말했어요.

하나님의 사람으로!

보기 에서 알맞은 단어를 선택해
디모데후서 3장 16~17절을 완성해 보세요.

모든 ☐☐ 은

하나님의 ☐☐ 으로 된 것으로

☐☐ 과 책망과 바르게 함과

의로 교육하기에 ☐☐ 하니

이는 하나님의 사람으로 ☐☐ 하게 하며

모든 선한 일을 행할 ☐☐ 을

갖추게 하려 함이라

디모데후서 3장 16~17절

보기

감동 능력 기도 성경 마음
교훈 찬양 유익 온전

48

글자들을 지켜라!

아래 지시를 따라 단어를 찾아보세요.

1. **빨간색**, **파란색** 단어를 지우세요.

2. 한 글자로 된 단어를 지우세요.

3. 남은 단어 중에 'ㄷ'이 들어가는 단어에 〇표 하세요.

4. 〇표 한 단어를 알맞게 넣어 아래 문장을 완성해 보세요.

유다　　　　거짓　　　　　경고

죄

굳게

그리스도인들

성도들　　　　　　　　　예수님

분열　　길

하나님　　악　　　　　성령님

진리　　　믿음　　초대교회

　　　　는 　　　　　　　에게

거짓에 속지 말고 　　　위에

　　　　서라고 말했어요.

49

성경 이야기를 통해 알게 된 것을 글이나 그림으로 표현해 보세요.

- 이 성경 이야기를 통해 하나님이나 복음에 대해 알게 된 사실은 무엇인가요?
- 이 성경 이야기를 통해 나에 대해 알게 된 사실은 무엇인가요?
- 나는 누구에게 이 성경 이야기를 들려줄 수 있을까요?

가족과
이야기해요

- 어떤 일이 참인지 거짓인지 어떻게 알 수 있나요?
- 우리는 무엇을 통해 하나님에 관한 진리를 배울 수 있나요?
- 하나님에 관한 거짓된 말을 들을 때 어떻게 반응해야 할까요?

- 다양한 색깔의 종이 여러 장을 바닥에 깔고 '어디 위에' 놀이를 해 보세요. 한 명이 인도자가 되어 "색깔"을 말하면 나머지 가족은 해당하는 색의 종이 위에 올라서야 해요. 예수님이 다시 오실 때까지 우리는 어디 위에 서 있어야 하는지 이야기를 나누어 보세요(유 20~21 참고).

- 함께 읽을 말씀 : 베드로전서 1~2, 4장; 히브리서 1장, 4장

베드로가 주님의 날을 기다리라고 했어요

베드로후서 3장 1~13절

주제

베드로는 예수님이 곧 다시 오실 것이기 때문에 예수님께 순종하며 다른 사람들에게 예수님을 전해야 한다고 말했어요.

가스펠 링크

하나님은 오래 참으시며 모든 사람이 예수님을 믿게 되기를 바라세요. 우리는 예수님이 오심으로 새 하늘과 새 땅이 만들어질 날을 간절히 기다려요.

성경의 초점

우리는 다시 오실 예수님을 기다리며 어떻게 살아야 하나요?
진리를 기억하고, 믿음을 더욱 굳게 하며, 복음을 전해야 해요.

예수님이 하늘로 올라가신 후 30년이 흘렀어요. 베드로는 성도들에게 죄를
짓도록 유혹하는 거짓 교사들을 조심하라고 경고했어요. 그리고 선지자들의
말과 주님의 명령을 일깨우며 예수님이 다시 오실 날에 관해서 이야기했어요.
그날까지 성령님의 능력으로 거룩하게 살아야 한다고 당부했지요.

나침반

하나님의 말씀을 외워요

91~92쪽 '신약 단원 암송'을 잘라 순서대로 묶어 책으로 만드세요. 가스펠 프로젝트 신약1~신약6까지의 암송 말씀에 담긴 하나님의 놀라운 사랑을 떠올려 보세요.

준비물

스테이플러   가위   꾸미기 재료

1.
91~92쪽의 '신약 단원 암송' 책을 설명에 따라 자르고 접는다. 왼쪽의 그림 순서대로 카드를 겹친다.

—— 자르기   ·········· 안으로 접기   ·—·—· 밖으로 접기

2.
가운데 선에 맞추어 반으로 접는다.

3.
스테이플러로 표시된 위치를 찍어 고정하고 표지를 다양한 도구로 예쁘게 꾸민다.

예수님을 기다리며

우리는 다시 오실 예수님을 기다리며 어떻게 살아야 하나요?
'성경의 초점'을 읽은 후, 말풍선을 채워 보세요.

우리는 다시 오실 예수님을 기다리며
어떻게 살아야 하나요?

진리를 기억하고,

믿음을 더욱 굳게 하며,

복음을 전해야 해요.

진리를 기억하려면
어떻게 해야 할까요?

어떤 때 믿음을
지키기 어려운가요?

예수님을 믿는 믿음을 더욱
단단히 하려면 어떻게 해야 할까요?

복음이란 무엇이라고 생각하나요?

55

성경 이야기를 통해 알게 된 것을 글이나 그림으로 표현해 보세요.

- 이 성경 이야기를 통해 하나님이나 복음에 대해 알게 된 사실은 무엇인가요?
- 이 성경 이야기를 통해 나에 대해 알게 된 사실은 무엇인가요?
- 나는 누구에게 이 성경 이야기를 들려줄 수 있을까요?

가족과 이야기해요
- 예수님이 아직 다시 오시지 않는 이유는 무엇일까요?
- 우리는 예수님의 ★재림을 어떻게 기다려야 할까요?

가족과 활동해요
- 가족과 함께 예수님이 다시 오심으로 새 하늘과 새 땅이 만들어질 그날을 상상해 보세요. 어떤 곳일지 함께 이야기를 나누어 보세요.
- 함께 읽을 말씀 : 히브리서 6장, 8~9장, 11~12장

★ 재림 : 다시 옴

요한이 환상을 보았어요

STORY

10

요한계시록 1장 9~20절

주제

예수님이 요한에게 환상으로 나타나 마지막 때에 관해 말씀하셨어요.

가스펠 링크

예수님은 요한에게 자신을 보여 주시며, 예수님이 곧 처음이자 마지막이고, 살아 있는 자라고 말씀하셨어요.

성경의 초점

예수님이 다시 오실 때 어떤 일이 일어나나요?
예수님이 모든 악을 없애고 모든 것을 새롭게 하실 거예요.

요한은 밧모섬에 있을 때 환상을 보았어요. 예수님은 그에게 "네가 보는 것을 두루마리에 써서 일곱 교회에 보내라"라고 말씀하셨어요. 요한이 예수님을 보고 그분의 발 앞에 엎드려 쓰러지자 "두려워하지 마라! 나는 처음과 마지막이며, 살아 있는 자다. 내가 전에 죽었으나, 보아라, 이제는 영원히 살아 있다"라고 말씀하셨어요.

나침반

· · · ·
둘 중 하나

두 단어 중 알맞은 단어를 골라 요한계시록 21장 5절을 완성해 보세요.

보좌 / 왕좌 에 앉으신 이가 이르시되

자라 / 보라 내가 이것 / 만물 을

새롭게 / 더럽게 하노라 하시고

또 이르시되 이 말은 신실 / 진실 하고

거짓 / 참 되니 저장 / 기록 하라 하시고

요한계시록 21장 5절

처음

살아

요한이 본 환상

그림 힌트를 찾아 ◯표 하고,
알맞은 단어를 넣어 예수님의 말씀을 완성해 보세요.

"두려워하지 마라!

나는 　과 　　이며,

　　 있는 자다.

내가 전에 죽었으나,

　, 이제는 ☆ 살아 있다."

영원히

보아라

마지막

61

성경 이야기를 통해 알게 된 것을 글이나 그림으로 표현해 보세요.

• 이 성경 이야기를 통해 하나님이나 복음에 대해 알게 된 사실은 무엇인가요?

• 이 성경 이야기를 통해 나에 대해 알게 된 사실은 무엇인가요?

• 이 성경 이야기에서 하나님께 더 물어보고 싶은 것이 있나요?

가족과
이야기해요

• 예수님은 왜 요한에게 장래에 일어날 일을 보여 주셨을까요?

• 예수님의 재림을 생각하면 기분이 어떤가요?

• 그리스도인들이 하나님의 이야기가 어떻게 끝나는지 아는 것이 중요할까요?

가족과 **활동해요**	• 가족 중 한 명이 요한계시록 1장 9~20절을 읽고, 다른 가족은 성경 말씀대로 요한이 본 환상을 그려 보세요. 완성한 그림을 설명하는 시간을 가져 보세요. • 함께 읽을 말씀 : 디모데후서 1~2장; 유다서

일곱 교회를 향해 경고하셨어요

요한계시록 2~3장

주제

예수님이 일곱 교회를 향해 믿음 안에서 굳게 서라고 말씀하셨어요.

가스펠 링크

예수님은 그리스도인들이 서로 힘을 합해 하나님의 일을 할 수 있도록 교회를 통해 도우세요.

성경의 초점

예수님이 다시 오실 때 어떤 일이 일어나나요?
예수님이 모든 악을 없애고 모든 것을 새롭게 하실 거예요.

(요)아시아

버가모

두아디라

서머나

사데

빌라델비아

에베소

라오디게아

밧모

예수님은 요한에게 에베소, 서머나, 버가모, 두아디라, 사데, 빌라델비아, 라오디게아 교회에 주는 말씀을 받아쓰라고 하셨어요. 교회들이 잘하는 일도 있었지만, 잘못한 일도 많았어요. 예수님은 일곱 교회가 끝까지 믿음을 지킬 것을 말씀하셨어요. 예수님은 믿음을 저버리지 않고 순종하는 모든 그리스도인에게 상을 주실 거예요.

일곱 교회를 향한

예수님은 일곱 교회에 어떤 말씀을 하셨나요?
각 교회에 주신 말씀을 읽고, 모음을 채워 교회 이름을 완성해 보세요.

ㅂㄱㅁ 교회

너는 어려움을 겪으면서도 믿음을
저버리지 않았다. 그러나 너희 모두가
옳은 일을 하는 것은 아니다.
죄를 버리고 나에게 돌아오너라!

ㄷㅇㄷㄹ 교회

그릇된 것을 가르치는
악한 자의 가르침을 따르는 사람에게
벌을 내릴 것이다.
진리를 굳게 붙잡으라.

ㅅㄷ 교회

사람들은 네가 살아 있는 줄 알지만,
사실 너는 죽은 자나 마찬가지다.
깨어나라!
내가 다시 올 날을 준비하여라.

ㅅㅁㄴ 교회

너는 가난하고 고통받고 있지만,
사실은 부자다!
감옥에 갇히고 죽임을 당하더라도
두려워하지 마라.

빌ㄹ딜ㅂㅇ 교회

너는 힘이 약하지만,
내 말을 듣고 순종했다.
계속 믿음을 지키고
나를 맞이할 준비를 하여라.

ㅇㅂㅅ 교회

네가 나를 처음 믿었을 때만큼
사랑하지 않는구나.
예전처럼 나를 사랑하여라.

ㄹㅇㄷㄱㅇ 교회

너는 미지근하다.
뜨겁지도 않고 차지도 않다.

일곱 교회의 이름은?

일곱 교회의 이름을 형광펜으로 그어 보세요.
나타난 단어를 빈칸에 넣어 주제 문장을 완성해 보세요.

예수님이 일곱 교회를 향해 ☐☐ 안에서
굳게 서라고 말씀하셨어요.

**보물
상자**

성경 이야기를 통해 알게 된 것을 글이나 그림으로 표현해 보세요.

- 이 성경 이야기를 통해 하나님이나 복음에 대해 알게 된 사실은 무엇인가요?
- 이 성경 이야기를 통해 나에 대해 알게 된 사실은 무엇인가요?
- 이 성경 이야기에서 하나님께 더 물어보고 싶은 것이 있나요?

가족과 이야기해요

- 예수님이 일곱 교회에 전한 말씀은 어떤 것들이었나요?
- 그 말씀은 어떤 점에서 우리에게도 중요한가요?

가족과 활동해요

- 인터넷에서 여러 가지 경고 표시(예 : 교통, 안전 경고 등)를 찾아 출력하세요. 표시를 하나씩 보며 무엇을 경고하는 표시인지 맞히기 놀이를 해 보세요. 경고에 주의를 기울이는 것이 왜 중요한지 이야기를 나누어 보세요.
- 함께 읽을 말씀 : 요한일서 2~4장; 요한계시록 1장, 5장

어린양께 경배해요

STORY 12

요한계시록 4장 2절~5장 14절

주제

하늘과 땅의 모든 사람과 *피조물이 예수님을 경배할 거예요.

가스펠 링크

요한은 부활하신 어린양을 보았어요. 그분은 바로 하나님의 아들이신 예수님이었어요. 존귀하신 예수님은 모든 찬양과 영광과 감사를 받으실 분이에요.

성경의 초점

예수님이 다시 오실 때 어떤 일이 일어나나요?
예수님이 모든 악을 없애고 모든 것을 새롭게 하실 거예요.

★ 피조물 : 하나님에 의해 창조된 만물

요한은 하늘나라의 아름다운 환상을 보았어요. 그런데 두루마리를 펼 자가 아무도 없는 것을 보고 큰 소리로 울었어요. 한 장로가 말했어요. "울지 마시오! 유다의 사자가 승리했으니 그분이 그 두루마리를 펴실 것이오!" 그때 요한은 보좌 곁에 서 계신 분을 보았어요. 어린양이신 예수님이 두루마리를 받아 드셨어요. 장로들과 생물들이 예수님을 경배했어요. "어린양은 능력과 부와 지혜와 힘과 존귀와 영광과 찬양을 받으실 분입니다."

본 것을 기록하다

그림을 보고 떠오르는 단어를 빈칸에 넣어 요한계시록 21장 5절을 완성해 보세요.

 에 앉으신 이가 이르시되

내가 만물을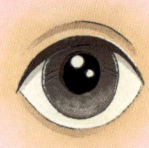

하노라 하시고

또 이르시되 이 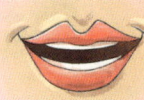 은 신실하고 참되니

 하라 하시고

요한계시록 21장 5절

누가? 누구를?

두루마리를 펴실 분은 누구신가요?
모든 찬양과 영광과 감사를 받으실 분은 누구신가요? 각각의 출발점에서 시작해
미로를 통과하며 찾은 답을 빈칸에 적어 보세요. (계 4:2~5:14 참고)

출발

바울

요한

예수님

유다

출발

두루마리를 펴실 분, 모든 찬양과 영광과 감사를
받으실 분은 누구신가요?

성경 이야기를 통해 알게 된 것을 글이나 그림으로 표현해 보세요.

- 이 성경 이야기를 통해 하나님이나 복음에 대해 알게 된 사실은 무엇인가요?
- 이 성경 이야기를 통해 나에 대해 알게 된 사실은 무엇인가요?
- 이 성경 이야기에서 하나님께 더 물어보고 싶은 것이 있나요?

가족과 이야기해요

- 왜 예수님이 두루마리를 펴실 분이신가요?
- 어떤 사람들은 왜 예수님을 경배하지 않을까요?
- 예수님을 경배하지 않는 사람에게 무엇이라고 말해 줄 수 있을까요?

가족과 활동해요

- 가족과 함께 큰 종이에 보좌에 앉으신 예수님과 하늘과 땅의 모든 사람과 피조물이 예수님을 경배하는 모습을 함께 그려 보세요. 우리 가족은 어떤 모습으로 경배하고 있을지 이야기를 나누어 보세요.
- 함께 읽을 말씀 : 요한계시록 6장, 10장, 12장

마라나타! 예수님, 어서 오세요!

STORY 13

요한계시록 21~22장

주제

예수님이 다시 오셔서 모든 악을 없애고 모든 것을 새롭게 하실 거예요.

가스펠 링크

예수님은 곧 다시 오겠다고 약속하셨어요. 예수님이 다시 오실 때 그분을 믿는 사람들은 영원히 예수님과 함께하며 즐거워할 거예요.

성경의 초점

예수님이 다시 오실 때 어떤 일이 일어나나요? 예수님이 모든 악을 없애고 모든 것을 새롭게 하실 거예요.

　　요한은 환상으로 하늘나라를 보았어요. 수많은 사람이 하나님을 찬양하며 크게 기뻐했지요. 요한이 본 새 하늘과 새 땅은 죽음, 슬픔, 울음, 고통이 없는 곳이었어요. 그리고 거룩한 성에는 하나님의 영광이 비치고 있었지요. 하나님의 백성은 하나님의 얼굴을 보고, 하나님을 경배할 거예요. 주님이 그곳을 영원히 다스리실 거예요.

나만의 가스펠 프로젝트

'가스펠 프로젝트'(하나님의 구원 계획) 중 가장 기억에 남는 성경 이야기는 무엇인가요?
빈칸을 채우고, 97쪽의 '가스펠 프로젝트' 스티커를 붙여 연대표를 꾸며 보세요.

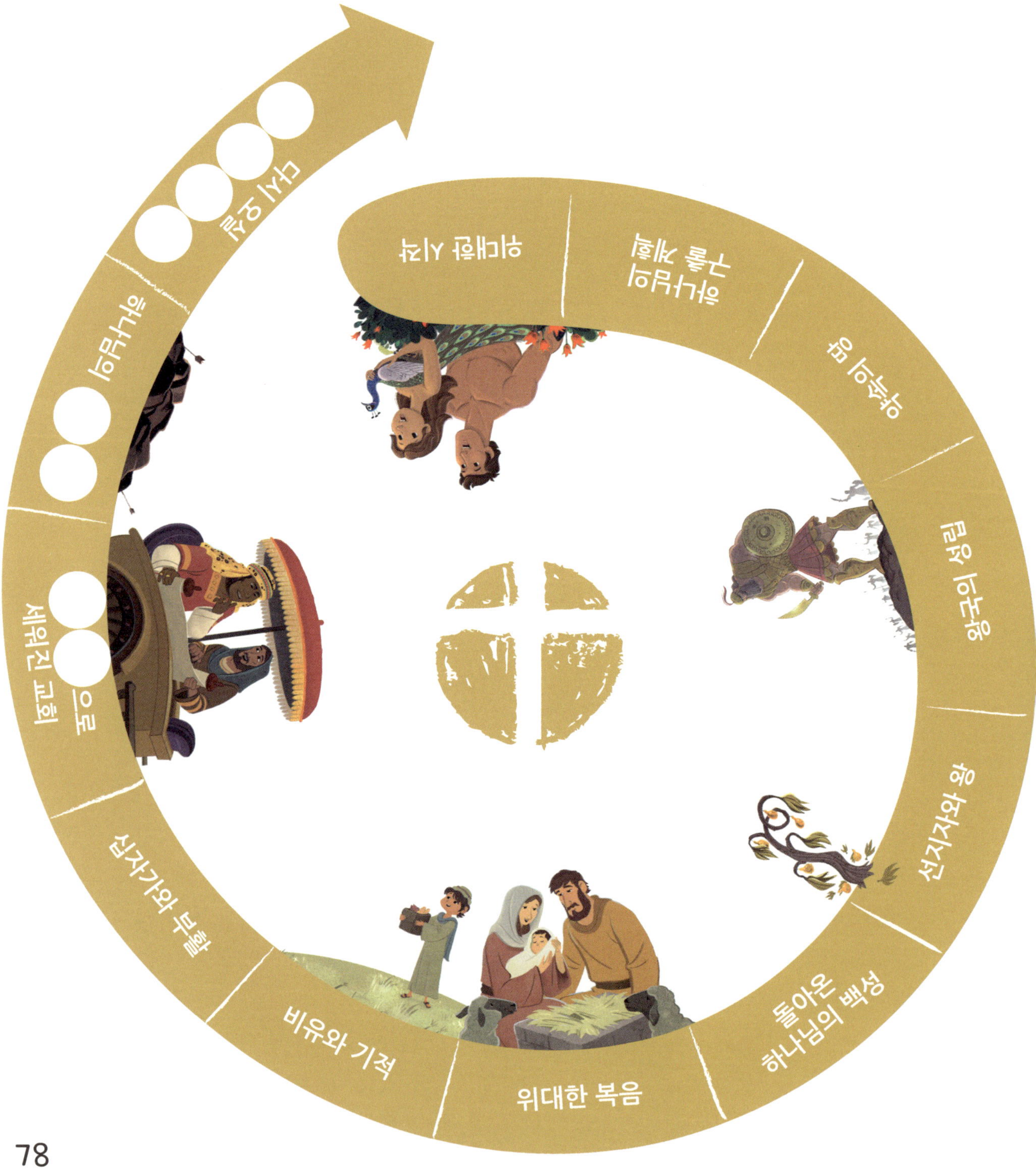

다시 오심

약속하심

세워진 교회

으로

십자가와 부활

비유와 기적

위대한 복음

돌아온
하나님의 백성

선지자와 왕

하나님의 왕국

약속의 땅

믿음을 주신
아브라함

우리를 찾으시는 하나님

무슨 말일까?

어떤 초성을 넣어야 할까요? 색깔 힌트 를 보고 알맞은 초성을 넣어 보세요.

탐험 하기

색깔 힌트

ㄴ ㄹ ㅁ ㅅ ㅇ ㅈ ㅌ

아아아아!
아엔, 우 예우여
오이웁오어!

예수님이 다시 오실 그날

예수님이 다시 오실 그날 누구와 함께
있을까요? 93쪽에 자신과 가족, 친구 등
함께할 사람의 인형을 만들어 보세요.
그리고 95쪽 예수님 인형을 만들어
'예수님이 다시 오실 그날'의 장면을
완성해 보세요.

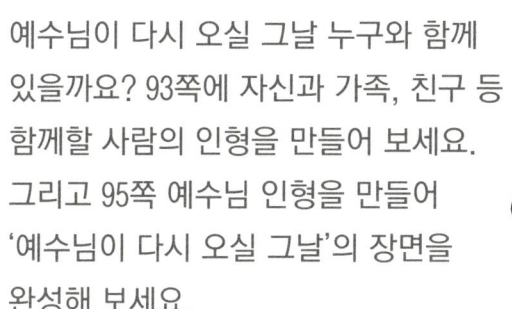

보물 상자

성경 이야기를 통해 알게 된 것을 글이나 그림으로 표현해 보세요.

• 이 성경 이야기를 통해 하나님이나 복음에 대해 알게 된 사실은 무엇인가요?
• 이 성경 이야기를 통해 나에 대해 알게 된 사실은 무엇인가요?
• 이 성경 이야기에서 하나님께 더 물어보고 싶은 것이 있나요?

가족과 이야기해요

• 성경 이야기가 이렇게 끝나는 것을 알고 나니 기분이 어떤가요?
• 성경은 예수님의 재림을 어떻게 묘사하나요?
• 새 하늘과 새 땅이 지금의 세상과 같은 점은 무엇인가요? 다른 점은 무엇인가요?

가족과 활동해요

• 다시 오신 예수님을 만난다면 어떤 말을 하고 싶은지 가족과 함께 이야기를 나누어 보세요.
• 함께 읽을 말씀 : 요한계시록 14장, 18~19장, 21~22장

연대표

통치자들 앞에서
바울이 총독들과 왕 앞에서 예수님을 전했어요

2

어디서든 기뻐해요
바울은 빌립보 성도들에게 고난 속에서도 기뻐하라고 했어요

4

바울이 빌레몬에게
바울은 도망친 종 오네시모를 형제로 받아달라고 부탁했어요

6

1

체포된 바울
바울이 복음을 전할 수 있도록 지키셨어요

3

풍랑 속에서도
바울이 로마 황제 앞에 설 수 있도록 지키셨어요

5

오직 예수님만이
예수님이 우리의 모든 것이 되시고, 우리를 구원하세요

마라나타!
예수님이 다시 오셔서 모든 것을 새롭게 하실 거예요

❸

유다가 성도들에게
유다는 믿음 위에 굳게 서라고 말했어요

❽

환상을 본 요한
예수님이 요한에게 환상으로 나타나 마지막 때를 보여 주셨어요

❿

부활하신 어린양
하늘과 땅의 모든 사람과 피조물이 예수님을 찬양해요

⓬

❼

❾

⓫

바울이 성도들에게
바울은 다시 오실 예수님을 생각하며 힘내라고 격려했어요

베드로가 성도들에게
베드로는 주님의 날을 기다리며 복음을 전하라고 말했어요

일곱 교회를 향해
끝까지 믿음을 지키라고 말씀하셨어요

THE GOSPEL

나를 위한 하나님의 멋진 계획

하나님은 세상을 만드셨단다

하나님은 온 세상을 만드셨어.
하늘, 땅, 나무, 새…. 그런데 더 놀라운 것은 사람을 만드셨다는 거야. 바로 우리(너)를 하나님이 만드셨어.
그리고 우리(너)를 사랑하신다고 성경에서 말하고 있어(요 3:16). 그래서 하나님은 우리와 항상 함께 살기를 원하시지
(창 1:1; 골 1:16~17; 계 4:11).
예화 네가 정성을 다해 만든 작품이 소중하듯이 하나님이 너를 만드셨기 때문에 네가 매우 소중한 거야.

사람들은 죄를 짓고 하나님을 떠났어

모두 죄를 지었다고 성경은 말하고 있어(롬 3:23).
죄는 하나님께 불순종해 하나님이 기뻐하시지 않는 말이나 행동을 하는 거야(욕심, 거짓말, 싸움 등).
하나님은 거룩하신 분이기 때문에 죄를 가진 우리는 하나님과 함께 살 수 없게 되었단다.
사람들은 죄 때문에 하나님과 멀어져 결국 죽을 수밖에 없는 벌을 받게 되었어(롬 6:23).

하나님은 구원 계획을 갖고 계시단다

하나님은 우리(너)를 너무 사랑하셔서 우리(너)와 함께 살기를 원하셔. 그래서 대신 벌을 받기로 계획하셨어.
죄가 없으신 하나님의 아들 예수님을 이 땅에 보내셔서 우리가 받아야 할 죄의 벌을 받지 않도록 구원해 주신 거야.
죄인인 우리는 아무리 노력해도 해결할 수 없거든(요 3:16; 엡 2:8~9).
예화 손이 더러우면 어떻게 해야 깨끗해질까? 물로 씻어야겠지? 그런데 거짓말을 했을 때 물로 씻는다고 깨끗해질까?

예수님이 우리에게 생명을 주셨어

예수님은 완전하신 하나님의 아들이시지만 이 세상 사람의 몸으로 태어나셨어.
아무런 잘못이 없으시지만 우리의 죄를 용서해 주시기 위해 십자가에서 죽으셨어. 예수님은 우리의 죄를 위해 죽으
시고(히 9:22) 3일 만에 다시 살아나셨어.
우리를 사랑하시는 하나님이 우리가 하나님과 함께 영원히 살 수 있는 길을 만드신 것이지. 이것이 우리를 위해 계획
해 놓으신 최고의 선물이야(롬 5:8; 고후 5:21; 벧전 3:18)!

예수님! 우리 마음에 오세요!

성경은 영접하는 자 곧 그 이름을 믿는 자는 하나님의 자녀가 된다고 말하고 있어(요 1:12; 롬 10:9~10, 13).
'영접'은 손님이 문밖에서 두드리면 문을 열고 안으로 모시듯이 예수님을 "제 마음에 들어오세요" 하고 맞이하는 거야.
'믿는다'라는 것은 예수님이 나의 죄를 위해 십자가에 죽으시고 다시 살아나셨음을 진심으로 믿는다는 뜻이야.

메시지 카드

메시지 카드

1단원
하나님의 계획

가스펠 프로젝트
신약 9
예수님의 생애와 죽음
메시지 카드
앞표지와 속표지 활동

1. 사람들이 바울을 막으려 했어요
행 23장

2. 바울이 통치자들 앞에 섰어요
행 24:22~27, 25:1~14, 26:24~32

3. 바울이 로마에 가게 되었어요
행 27:13~44, 28:11~16

4. 바울이 감옥에서도 하나님을 전파했어요
빌 1:12-30

7쪽 '로마로 가는 길'

1. 사람들이 바울을 막으려 했어요.

주제 사람들이 바울을 막으려 했지만 하나님은 바울이 예수님을 계속 전할 수 있도록 지켜 주셨어요.

가스펠 링크 사람들에게 예수님께 생명의 위협을 받는 상황에서도 바울은 계속해서 예수님께 순종했어요. 바울은 예수님의 죽음과 부활로 세상을 향한 사랑을 보여 주신 하나님이 모든 약속 속에서 자신을 도우실 것이라고 믿었어요. 우리도 단테에게 복음을 전하는 일에 모든 것을 걸 수 있어요. 하나님이 우리를 사랑하시고 돌보신다는 사실을 알기 때문이에요.

성경의 초점 우리는 언제 예수님을 전해야 하나요? 언제나 어떤 상황에서도 예수님을 전해야 해요.

암송 빌 1:20-21

4. 바울이 감옥에서도 하나님을 찬양했어요.

주제 바울은 빌립보 성도들에게 고난 속에서도 기뻐하라고 말했어요.

가스펠 링크 하나님이 겪고 있는 어려운 상황을 이용하여 복음이 전파되고 교회가 세워지게 하셨어요. 바울은 예수님이 세상을 구원하기 위해 고난을 당하셨던 것처럼, 하나님의 일을 하는 그리스도인들도 고난을 겪을 것이라고 말했어요.

성경의 초점 우리는 언제 예수님을 전해야 하나요? 언제나 어떤 상황에서도 예수님을 전해야 해요.

암송 빌 1:20-21

1단원 암송

나의 간절한 기대와 소망을 따라
아무 일에든지 부끄러워하지 아니하고
지금도 전과 같이 온전히 담대하여
살든지 죽든지 내 몸에서
그리스도가 존귀하게 되게 하려 하나니
이는 내게 사는 것이 그리스도니
죽는 것도 유익함이라

빌 1:20-21

부모님께

메시지 카드에는 각 과의 주제와 단원별 성경의 초점, 단원 암송 구절이 있습니다. 그림을 보며 성경 이야기를 회상하고 성경 본문을 찾아 함께 읽으며 가족들과 복습할 수 있는 단서가 될 것입니다. 카드의 그림은 성경의 흐름을 기억할 수 있는 단서가 될 것입니다.

신6과 '다시 오실 그리스도'에 담긴 가스펠

바울은 체포되고 감옥에 갇히는 등 많은 고난을 겪는 중에도 예수님 안에서 있는 희망에 대해 말하는 걸 멈추지 않았습니다. 그리고 예수님이 위대하신 걸로 믿추고 찬양하는 바울의 믿음 ...

2. 바울이 통치자들 앞에 섰어요.

주제 하나님은 바울과 앞 안에서 예수님을 전하게 하셨어요.

가스펠 링크 하나님은 바울을 택하셔서 이방인들과 왕들과 이스라엘 백성에게 복음을 전하게 하셨어요(행 9:15-16 참조). 바울은 예수님을 전해야 하는 사람을 만나게 하셨어요, 그는 모든 사람이 예수님에 관한 기쁜 소식을 전하였어요. 그는 모든 사람이 예수님을 믿어 구원받을 수 있기 때문에 바울의 복음을 전할 기회를 소중히 여겼어요.

성경의 초점 우리는 언제 예수님을 전해야 하나요? 언제나 어떤 상황에서도 예수님을 전해야 해요.

암송 빌 1:20-21

3. 바울이 로마에 가게 되었어요.

주제 하나님은 바울이 로마 황제 앞에 설 수 있도록 그를 지키셨어요.

가스펠 링크 하나님은 바울을 지키실 것이라고 믿었어요. 신원을 다고 하신 약속을 믿으므로 용기를 북돋워 주셨지요, 하나님은 죽으시고 부활하신 예수님을 믿으면 어떤 사람들에게 이 기쁜 소식을 전하도록 우리를 부르셨어요.

성경의 초점 우리는 언제 예수님을 전해야 하나요? 언제나 어떤 상황에서도 예수님을 전해야 해요.

암송 빌 1:20-21

2단원
소망을 주시는
하나님

5. 바울이 예수님에 관해 일깨워 주었어요
골 1:15~2:3

6. 바울이 빌레몬에게 편지를 보냈어요
몬 8~22

7. 바울이 소망을 전했어요
살전 4:13~5:11

8. 유다가 믿음을 지키라고 말했어요
유 3~4, 17~25

9. 베드로가 주님의 날을 기다리라고 했어요
벧후 3:1~13

87

6. 바울이 빌레몬에게 편지를 보냈어요.

주제 바울이 빌레몬에게 그의 종을 친절히 대하라고 부탁했어요.

가스펠 링크 바울이 빌레몬과 오네시모를 화해시키기 위해, 마치 하나님과 인간을 화해하게 하신 예수님처럼요. 예수님은 우리가 죄 때문에 받아야 하는 벌을 대신 받으셨어요. 우리 빚을 대신 갚으셔서 우리가 용서받고 하나님의 가족이 되게 하셨어요.

성경의 초점 우리는 다시 오실 예수님을 기다리며 어떻게 살아야 하나요?
진리를 기억하고, 믿음을 더욱 굳게 하며, 복음을 전해야 해요.

암송 딤후 3:16~17

9. 베드로가 주님의 날을 기다리라고 했어요.

주제 베드로는 예수님이 큰 다시 오실 것이기 때문에 예수님께 순종하며 다른 사람들에게 예수님을 전해야 한다고 말했어요.

가스펠 링크 어떤 사람들은 예수님이 다시 오신다는 것을 믿는 그리스도인들을 비웃었어요. 베드로는 하나님은 오래 참으시며 모든 사람이 예수님을 믿게 되기를 바라신다고 말했어요. 예수님이 오시면 새 하늘과 새 땅이 만들어질 날을 간절히 기다려요.

성경의 초점 우리는 다시 오실 예수님을 기다리며 어떻게 살아야 하나요?
진리를 기억하고, 믿음을 더욱 굳게 하며, 복음을 전해야 해요.

암송 딤후 3:16~17

2단원 암송

모든 성경은 하나님의 감동으로 된 것으로 교훈과 책망과 바르게 함과 의로 교육하기에 유익하니 이는 하나님의 사람으로 온전하게 하며 모든 선한 일을 행할 능력을 갖추게 하려 함이라

딤후 3:16~17

8. 유다가 믿음을 지키라고 말했어요.

주제 유다는 그리스도인들에게 거짓에 속지 말고 믿음을 생각하며 힘을 내라고 격려했어요.

가스펠 링크 유다는 거짓 가르침으로 교회 성도들에게 어떤 사람들이 가짜된 것이라고 경고했어요. 예수님은 길이고, 진리이며, 생명이에요(요 14:6참조). 하나님의 말씀은 진리의 보호하심 아래에서 우리의 믿음을 굳게 할 수 있어요.

성경의 초점 우리는 다시 오실 예수님을 기다리며 어떻게 살아야 하나요?
진리를 기억하고, 믿음을 더욱 굳게 하며, 복음을 전해야 해요.

암송 딤후 3:16~17

5. 바울이 예수님에 관해 일깨워 주었어요.

주제 바울은 예수님이 누구보다도 그 무엇보다도 뛰어난 분이라고 말했어요.

가스펠 링크 바울은 성도들에게 예수님의 위대하심은 하나님의 아들로서이고, 사람들을 죄에서 구원하기 위해 십자가에서 죽으시고, 부활로 진리에요. 예수님이 우리의 모든 것이 되세요.

성경의 초점 우리는 언제 예수님을 전해야 하나요?
언제나 어떤 상황에서도 예수님을 전해야 해요.

암송 빌 1:20~21

7. 바울이 소망을 전했어요.

주제 바울이 데살로니가 성도들에게 다시 오실 예수님을 생각하며 힘을 내라고 격려했어요.

가스펠 링크 예수님은 구원받은 성도들의 주님의 날에 관해 말했어요. 하나님이 오셔서 세상을 심판하시고 하나님의 백성을 구원하시는 날이지요. 바울은 다가올 구원의 날에 예수님이 다시 오셔서 우리가 예수님과 함께하게 될 그날을 소망하며 살자고 했어요.

성경의 초점 우리는 다시 오실 예수님을 기다리며 어떻게 살아야 하나요?
진리를 기억하고, 믿음을 더욱 굳게 하며, 복음을 전해야 해요.

암송 딤후 3:16~17

3단원
만물을 새롭게 하시는 하나님

10. 요한이 환상을 보았어요
계 1:9~20

11. 일곱 교회를 향해 경고하셨어요
계 2~3장

12. 어린양께 경배해요
계 4:2~5:14

13. 마라나타! 예수님, 어서 오세요!
계 21~22장

둘러보기

- **주제** : 각 과의 핵심 줄거리를 파악할 수 있습니다.
- **가스펠링크** : 성경 이야기에 담긴 복음을 발견하게 합니다. 모든 성경 이야기는 그리스도와 연결됩니다.
- **성경의 초점** : 본문과 관련된 성경의 중심 주제를 묶은 단 행식으로 정리한 문장입니다. 단원별 성경의 초점을 이해하며 성경의 흐름을 이해하게 합니다.
- **암송** : 단원의 핵심 메시지가 담긴 성경 구절입니다.

11. 일곱 교회를 향해 경고하셨어요

주께 예수님이 일곱 교회를 향해 믿음 안에서 굳게 서라고 말씀하셨어요.

가스펠링크 예수님은 교회를 사랑하세요. 예수님은 일곱 교회가 죄에서 떠나 끝까지 믿음을 지킬 것을 요구하셨어요. 우리는 이 교회들의 모습에서 교훈을 얻을 수 있어요. 예수님은 그리스도인들의 신앙이 흔들릴 때 하나님의 일을 할 수 있도록 교회를 향해...

성경의 초점 예수님이 다시 오실 때 어떤 일이 있어나요?
예수님이 모든 악을 없애고 모든 것을 새롭게 하실 거예요.

암송 계 21:5

가스펠 프로젝트

10. 요한이 환상을 보았어요

주께 예수님이 요한에게 환상으로 나타나 마지막 때에 관해 말씀하셨어요.

가스펠링크 예수님은 처음이자 마지막이고 말씀하셨어요. 예수님은 이 땅에 오셔서 십자가에서 죽으시고 부활하심으로 죄와 죽음을 이기셨어요. 부활하신 예수님은 하늘로 올라가 영광과 존귀 중에 계세요.

성경의 초점 예수님이 다시 오실 때 어떤 일이 있어나요?
예수님이 모든 악을 없애고 모든 것을 새롭게 하실 거예요.

암송 계 21:5

3단원 암송

보좌에 앉으신 이가 이르시되
보라 내가 만물을 새롭게 하노라 하시고
또 이르시되 이 말을 신실하고 참되니
기록하라 하시고

계 21:5

13. 마라나타! 예수님, 어서 오세요!

주께 예수님은 곧 다시 오셔서 모든 악을 없애고 모든 것을 새롭게 하실 거예요.

가스펠링크 예수님은 곧 다시 오신다고 약속하셨어요. 예수님과 함께하며 즐거워할 거예요. 하나님은 죽음도 고통도 눈물도 나쁜 결과를 되돌리실 거예요. 또 죽음도 눈물도 없는 세상이 될 거예요. 예수님...

성경의 초점 예수님이 다시 오실 때 어떤 일이 있어나요?
예수님이 모든 악을 없애고 모든 것을 새롭게 하실 거예요.

암송 계 21:5

12. 어린양께 경배해요

주께 하늘과 땅의 모든 사람과 피조물이 예수님을 경배할 거예요.

가스펠링크 두루마리를 펼 자격이 아무도 없는 것을 보고 요한은 큰 소리로 울었어요. 그때 요한은 어린양이신 예수님을 보았어요. 예수님은 십자가에서 죽임을 당하셨고, 죽음도 우리가 용서받아 영원한 생명을 얻게 하려고 ... 존귀하신 예수님은 모든 찬양과 영광과 감사를 받으실 분이에요.

성경의 초점 예수님이 다시 오실 때 어떤 일이 있어나요?
예수님이 모든 악을 없애고 모든 것을 새롭게 하실 거예요.

암송 계 21:5

신약 3 - 2

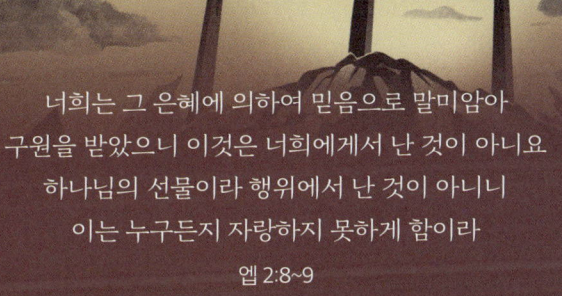

너희는 그 은혜에 의하여 믿음으로 말미암아
구원을 받았으니 이것은 너희에게서 난 것이 아니요
하나님의 선물이라 행위에서 난 것이 아니니
이는 누구든지 자랑하지 못하게 함이라

엡 2:8~9

신약 3 - 3

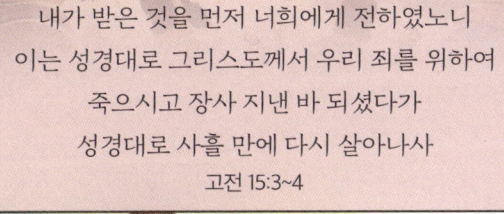

내가 받은 것을 먼저 너희에게 전하였노니
이는 성경대로 그리스도께서 우리 죄를 위하여
죽으시고 장사 지낸 바 되셨다가
성경대로 사흘 만에 다시 살아나사

고전 15:3~4

신약 2 - 3

내 영혼아 여호와를 송축하며 그의 모든 은택을
잊지 말지어다 그가 네 모든 죄악을 사하시며
네 모든 병을 고치시며

시 103:2~3

신약 4 - 2

오직 성령이 너희에게 임하시면 너희가 권능을 받고
예루살렘과 온 유대와 사마리아와 땅끝까지 이르러
내 증인이 되리라 하시니라

행 1:8

신약 2 - 1

예수께서 나오사 큰 무리를 보시고
그 목자 없는 양 같음으로 인하여 불쌍히 여기사
이에 여러 가지로 가르치시더라

막 6:34

신약 5 - 2

그런즉 누구든지 그리스도 안에 있으면
새로운 피조물이라 이전 것은 지나갔으니
보라 새것이 되었도다

고후 5:17

신약 1 - 1

하나님이 세상을 이처럼 사랑하사
독생자를 주셨으니 이는 그를 믿는 자마다
멸망하지 않고 영생을 얻게 하려 하심이라

요 3:16

신약 6 - 2

모든 성경은 하나님의 감동으로 된 것으로 교훈과
책망과 바르게 함과 의로 교육하기에 유익하니
이는 하나님의 사람으로 온전하게 하며
모든 선한 일을 행할 능력을 갖추게 하려 함이라

딤후 3:16~17

신약 4 - 1

너희 안에서 행하시는 이는 하나님이시니
자기의 기쁘신 뜻을 위하여 너희에게 소원을 두고
행하게 하시나니

빌 2:13

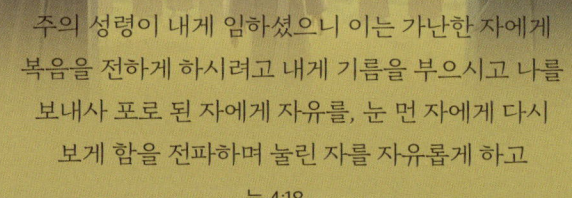

신약 3 - 1

주의 성령이 내게 임하셨으니 이는 가난한 자에게
복음을 전하게 하시려고 내게 기름을 부으시고 나를
보내사 포로 된 자에게 자유를, 눈 먼 자에게 다시
보게 함을 전파하며 눌린 자를 자유롭게 하고

눅 4:18

신약 5 - 1

내가 그리스도와 함께 십자가에 못 박혔나니 그런즉
이제는 내가 사는 것이 아니요 오직 내 안에 그리스도
께서 사시는 것이라 이제 내가 육체 가운데 사는 것은
나를 사랑하사 나를 위하여 자기 자신을 버리신
하나님의 아들을 믿는 믿음 안에서 사는 것이라

갈 2:20

신약 2 - 2

오직 이것을 기록함은 너희로 예수께서 하나님의
아들 그리스도이심을 믿게 하려 함이요 또 너희로
믿고 그 이름을 힘입어 생명을 얻게 하려 함이니라

요 20:31

신약 6 - 1

나의 간절한 기대와 소망을 따라 아무 일에든지
부끄러워하지 아니하고 지금도 전과 같이 온전히
담대하여 살든지 죽든지 내 몸에서 그리스도가
존귀하게 되게 하려 하나니 이는 내게 사는 것이
그리스도니 죽는 것도 유익함이라

빌 1:20~21

신약 1 - 2

예수께서 이르시되 내가 곧 길이요 진리요 생명이니
나로 말미암지 않고는 아버지께로 올 자가 없느니라

요 14:6

신약 6 - 3

보좌에 앉으신 이가 이르시되 보라 내가 만물을
새롭게 하노라 하시고 또 이르시되
이 말은 신실하고 참되니 기록하라 하시고

계 21:5

가스펠
프로젝트

신약 단원 암송

79쪽 ‘예수님이 다시 오실 그날’ 인형 만들기 1

준비물

색연필, 가위, 풀

만드는 방법

① 예수님이 다시 오실 그날에 함께할 사람들을 그리고 색칠한다.

② 선대로 자르고 반원 부분을 둥글게 말아 ‘풀칠’ 부분을 붙인다.

③ 팔을 접는다.

——— 자르는 선 ·········· 안으로 접기 풀칠하는 곳

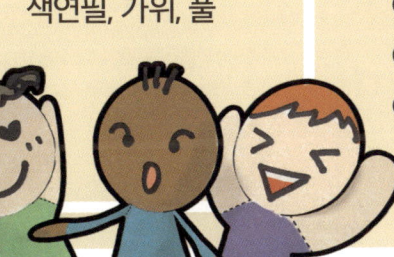

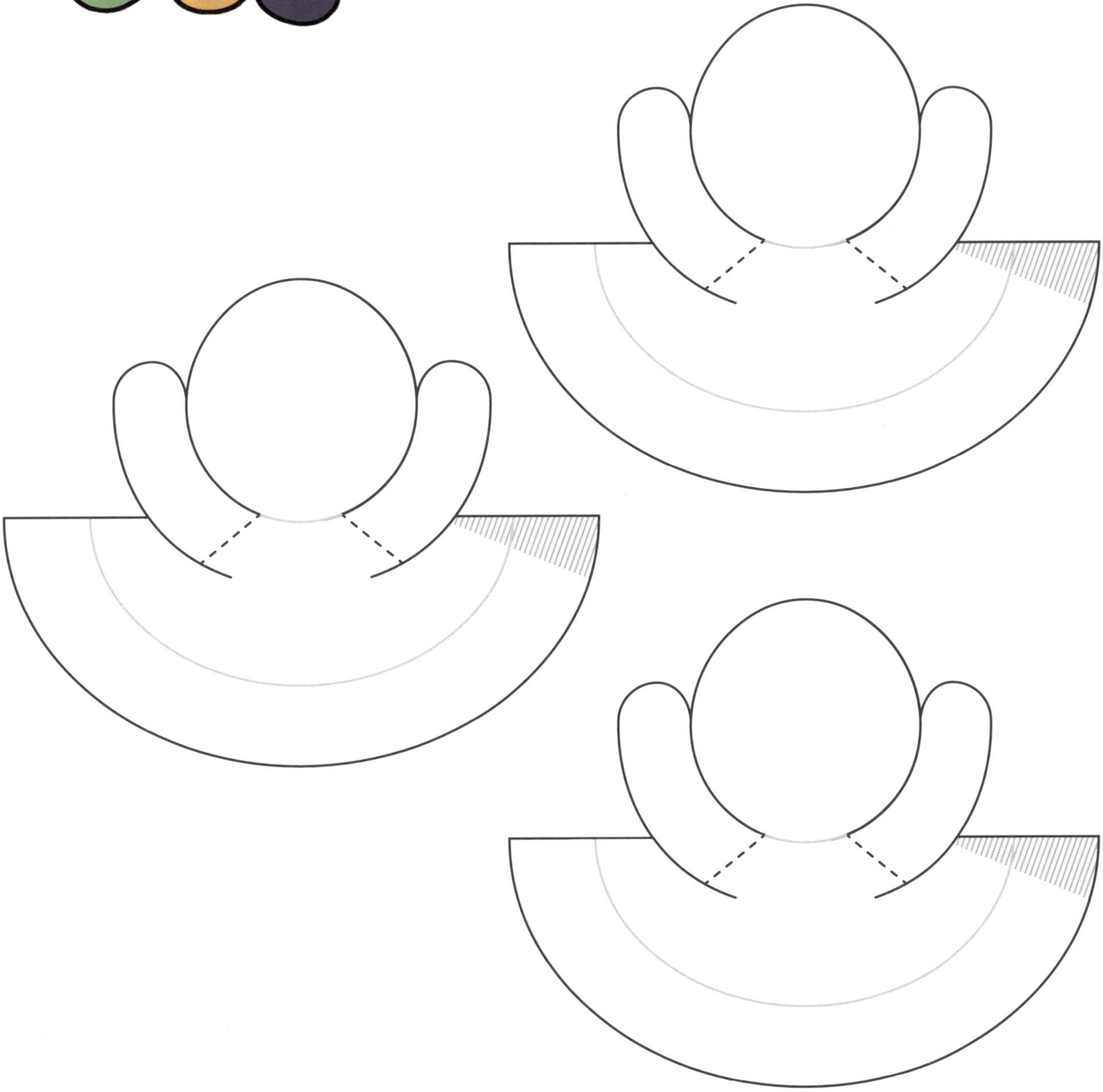

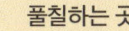

만드는 방법

① 선대로 자르고 칼집을 낸다.

② 몸통 부분을 둥글게 말아 '풀칠' 부분을 붙인다.

③ 머리 부분의 '풀칠' 부분을 붙이고 몸통 위에 얹어 칼집에 끼운다.

④ 팔을 붙인다.

———— 자르는 선   ·——·——·——· 안으로 접기   ▨ 풀칠하는 곳

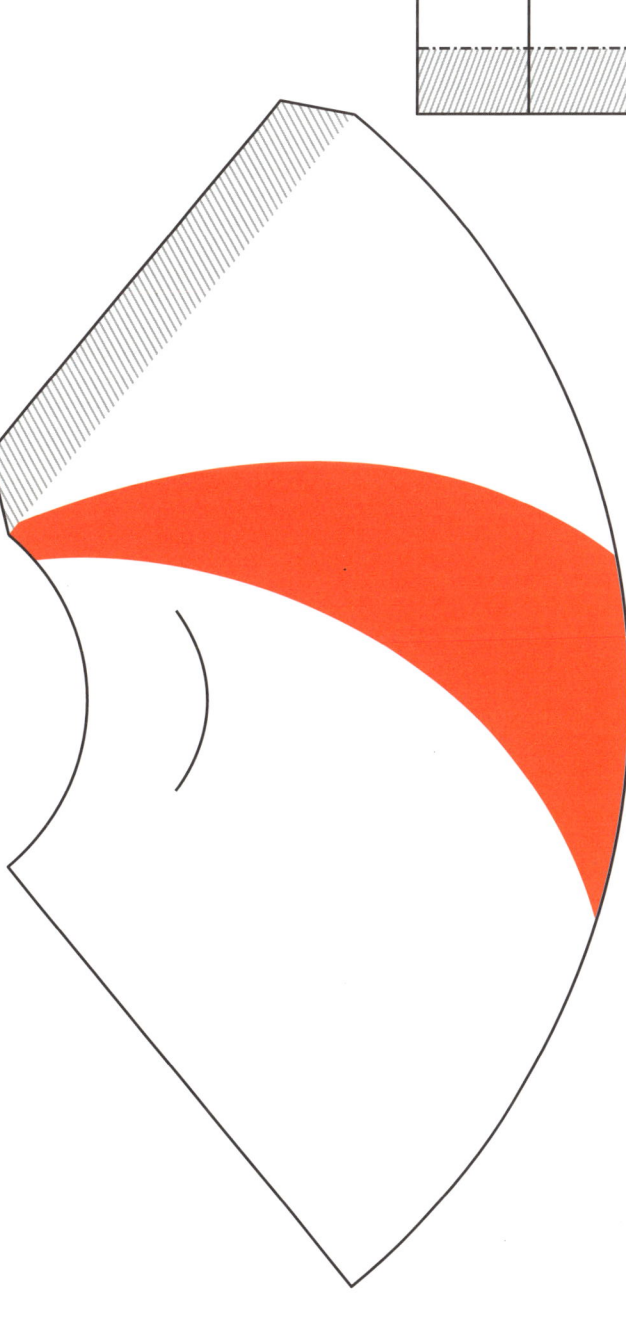

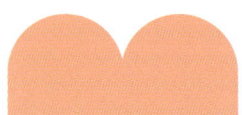

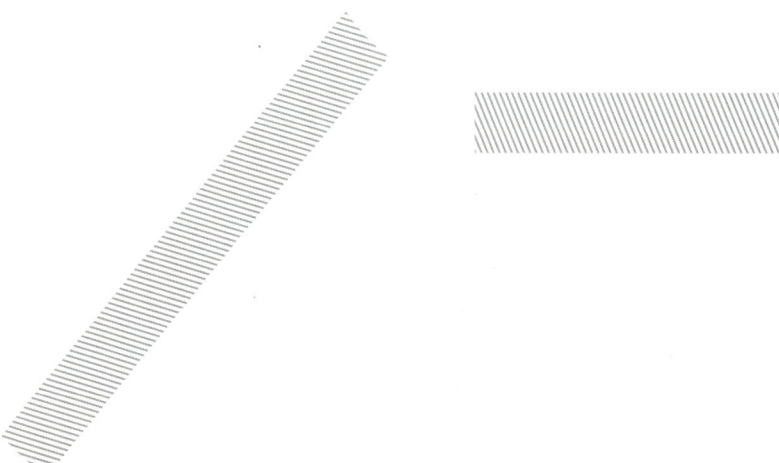

18쪽 '짝 찾기'

78쪽 '가스펠 프로젝트'

예수님

모세

십자가

전신갑주

예수님

에스더

요나

에훗

다윗